신기한 곤충 이야기

한영식 지음

곤충 친구들을 소개합니다

난 동글동글 무당벌레예요. 산이나 들에서 쉽게 만날 수 있는 곤충이지요.
곤충들은 생김새와 색깔이 무척 다양해요. 사는 곳과 먹이, 살아가는 방법도 모두 달라요.
많은 곤충과 만나고 싶다고요? 그럼 지금부터 날 따라와 보세요.
신기하고 놀라운 곤충 친구들을 자세히 소개해 줄게요.

무당벌레로 살펴보는 곤충의 특징

생김새와 색깔이 달라요

무당벌레는 단단한 딱지날개에 점무늬가 있어서 **점벌레**라고도 불러요. 둥근 바가지를 엎어 놓은 것 같다고 **뒷박벌레**라고도 해요. 그렇지만 모든 곤충이 무당벌레처럼 생긴 건 아니에요. 곤충은 종류가 무척 다양해서 생김새와 색깔이 서로 달라요.

사는 곳과 먹이가 달라요

무당벌레는 풀밭에 살면서 진딧물을 먹는 걸 좋아해요. 하지만 모든 곤충이 무당벌레처럼 진딧물을 좋아하는 건 아니에요. 곤충마다 사는 곳과 좋아하는 먹이가 모두 달라요.

살아가는 방법이 달라요

무당벌레는 풀 줄기 끝을 향해 기어 올라가는 걸 무척 좋아해요. 하지만 모든 곤충이 무당벌레처럼 풀 줄기를 오르는 건 아니에요. 곤충마다 살아가는 방법이 각기 달라요.

공통점이 있어요

곤충은 생김새과 색깔, 사는 곳과 먹이, 살아가는 방법이 모두 제각각 달라요. 그렇지만 더듬이 2개, 날개 4장, 다리 6개가 달린 건 대부분의 곤충이 똑같아요. 그 공통점 때문에 곤충의 모습을 잘 살펴보면 곤충인지 아닌지 쉽게 구분할 수 있어요.

지구에는 얼마나 많은 곤충이 살고 있을까요?

상상하기 어렵다고요? 맞아요. 지구에는 딱정벌레, 나비, 벌, 파리, 노린재, 매미, 메뚜기, 잠자리, 집게벌레 등의 곤충이 100만여 종이나 살고 있어요. 만나고 또 만나도 끝이 없어요. 지구는 바글거리는 곤충들의 지상 낙원이에요. 그래서 지구를 '곤충의 행성'이라고 부른답니다.

바글바글 '곤충의 행성'으로 초대합니다~

지구에 사는 다양한 곤충

갑옷 입은 곤충
사슴풍뎅이는 머리에 사슴뿔 모양의 뿔이 달려 있어요. 빠르게 날아다니며 나무에 앉아 나뭇진을 핥아 먹어요.

꽃처럼 예쁜 곤충
작은멋쟁이나비는 날개 색깔이 멋진 나비예요. 산과 들을 훨훨 날아다니며 꽃에 앉아 스프링처럼 돌돌 말린 주둥이를 뻗어 꿀을 빨아요.

주삿바늘 곤충
장수말벌은 엉덩이에 뾰족하고 날카로운 침이 달렸어요. 독이 든 침으로 작은 곤충을 찔러서 사냥을 해요. 포획한 먹잇감은 장수말벌 애벌레의 먹이가 되어요.

헬리콥터 곤충
꽃등에는 헬리콥터처럼 제자리에서 날 수 있어요. 꽃 주변에서 정지 비행하다가 꽃에 앉아 꽃가루를 핥아 먹어요.

빨대 달린 곤충
가시노린재는 주둥이가 빨대 모양을 닮았어요. 입에 달린 빨대 모양 주둥이를 식물에 꽂아 즙을 빨아 먹어요.

비행사 곤충
고추잠자리는 하늘을 날아다니는 비행사 곤충이에요. 하늘을 자유롭게 날며 먹이를 사냥해요.

키다리 곤충
대벌레는 대나무나 지팡이처럼 몸이 아주 길쭉하게 생겼어요. 나무에 붙어 있으면 나뭇가지로 착각하는 경우가 많아요.

낫 모양 다리 곤충
왕사마귀는 낫 모양의 앞다리를 갖고 있어요. 먹잇감이 가까이에 접근하면 날카로운 앞다리로 낚아채서 붙잡은 뒤에 잡아먹어요.

곤충은 언제부터 지구에 살았을까요?

여기는 아주 오래전의 지구예요. 곤충들이 어디 있는지 찾아보세요.
덩치 큰 공룡만 보인다고요? 곤충은 몸집이 매우 작으니까 눈을 크게 뜨고 찾아야 해요.
곤충은 공룡보다 훨씬 더 먼저 지구에서 살고 있었어요. 고생대 데본기에 처음 나타나서 공룡이 번성한 중생대 쥐라기에는 이미 다양한 곤충이 살고 있었지요. 처음에는 날개 없는 곤충이 등장하여 점차 날개 달린 곤충으로 발전하며 지금까지 번성하고 있답니다.

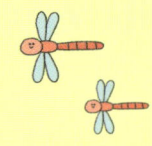

현생

고생대

캄브리아기	오르도비스기	실루리아기	데본기	석탄기
5억 4천2백만 년	4억 8천8백만 년	4억 4천3백만 년 / 4억 1천6백만 년	3억 5천9백만 년	2억 9천9백만 년
지렁이가 겉뼈대와 다리를 만들면서 절지동물이 되었어요. 해양 절지동물 삼엽충은 3억 년 동안 바다를 지배했어요.		전갈과 거미 등의 원시 절지동물이 지구에 나타났어요.	날개가 없는 다리 6개 달린 곤충이 처음 등장했어요.	날개 달린 잠자리와 하루살이가 나타났어요.
삼엽충		전갈 / 거미 / 지네	좀 / 독토기	거대 잠자리 / 하루살이

곤충의 발전 단계

- **무시류** (날개 없음): 돌좀, 좀
- **유시류** (날개 있음)
  - **고시류** (날개 접을 수 없음): 잠자리, 하루살이
  - **신시류** (날개 접을 수 있음)
    - **외시류** (불완전탈바꿈): 메뚜기, 노린재, 집게벌레
    - **내시류** (완전탈바꿈): 딱정벌레, 나비, 벌, 파리

누대

중생대			신생대	
페름기	트라이아스기	쥐라기	백악기	제3기	제4기

2억 5천1백만 년 — 1억 9천9백만 년 — 1억 4천5백만 년 — 6천6백만 년 — 2백50만 년 — 현재

페름기: 메뚜기, 노린재가 번성하고 풀잠자리, 밑들이, 날도래, 딱정벌레가 최초로 나타났어요.

트라이아스기: 풀잠자리, 딱정벌레, 밑들이, 날도래, 파리가 번성하고 대벌레, 집게벌레, 뱀잠자리, 약대벌레, 벌이 새롭게 등장했어요.

쥐라기: 기생 말벌과 같은 기생성 곤충이 등장하고 흰개미와 모기도 출현했어요.

백악기: 꽃이 피는 속씨식물이 번성하면서 나비와 나방, 다양한 딱정벌레가 출현했어요.

신생대: 현재의 곤충과 비슷한 다양한 곤충이 등장해 살고 있어요. 꽃과 곤충이 공생하면서 함께 번성했어요.

 메뚜기
 노린재
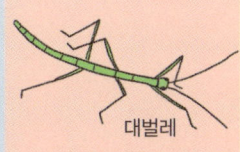 대벌레
 뱀잠자리
 기생 말벌
 흰개미
 벌
 나비
 딱정벌레
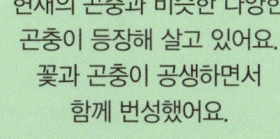 파리
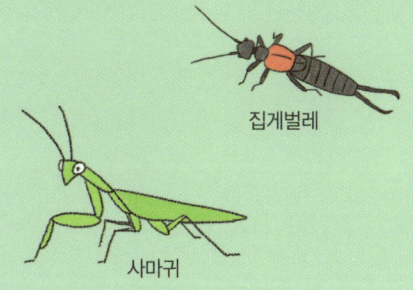 집게벌레 / 사마귀

곤충의 생김새를 살펴보아요

곤충의 생김새가 헷갈린다고요? 그건 특별하게 생긴 곤충이 많아서 그래요.
지구에 살고 있는 생물 중에서 가장 종류가 많으니까요. 그렇지만 곤충의 생김새에는 공통점이 있어요.
몸이 머리, 가슴, 배의 세 부분으로 구분되어 있다는 점이지요. 이것이 바로 곤충의 가장 큰 특징이에요.

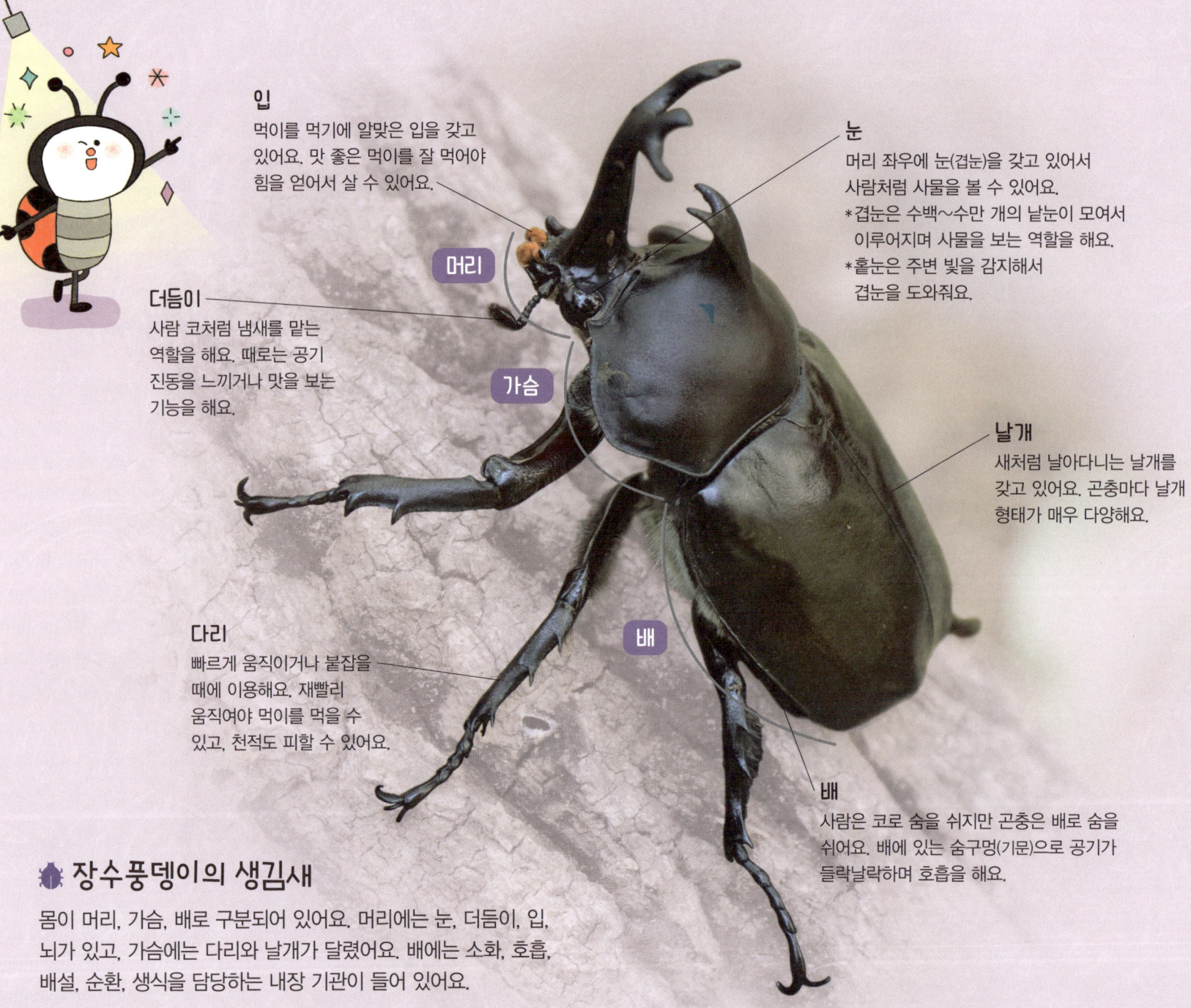

입
먹이를 먹기에 알맞은 입을 갖고 있어요. 맛 좋은 먹이를 잘 먹어야 힘을 얻어서 살 수 있어요.

눈
머리 좌우에 눈(겹눈)을 갖고 있어서 사람처럼 사물을 볼 수 있어요.
*겹눈은 수백~수만 개의 낱눈이 모여서 이루어지며 사물을 보는 역할을 해요.
*홑눈은 주변 빛을 감지해서 겹눈을 도와줘요.

더듬이
사람 코처럼 냄새를 맡는 역할을 해요. 때로는 공기 진동을 느끼거나 맛을 보는 기능을 해요.

날개
새처럼 날아다니는 날개를 갖고 있어요. 곤충마다 날개 형태가 매우 다양해요.

다리
빠르게 움직이거나 붙잡을 때에 이용해요. 재빨리 움직여야 먹이를 먹을 수 있고, 천적도 피할 수 있어요.

배
사람은 코로 숨을 쉬지만 곤충은 배로 숨을 쉬어요. 배에 있는 숨구멍(기문)으로 공기가 들락날락하며 호흡을 해요.

🪲 장수풍뎅이의 생김새

몸이 머리, 가슴, 배로 구분되어 있어요. 머리에는 눈, 더듬이, 입, 뇌가 있고, 가슴에는 다리와 날개가 달렸어요. 배에는 소화, 호흡, 배설, 순환, 생식을 담당하는 내장 기관이 들어 있어요.

🪲 장수풍뎅이 수컷과 암컷의 생김새

사람에게 남자와 여자가 있듯이 곤충도 수컷과 암컷이 있어요. 장수풍뎅이는 뿔이 있으면 수컷, 뿔이 없으면 암컷으로 쉽게 구별되어요.

수컷 머리와 앞가슴등판에 큰 뿔이 달렸어요.

암컷 큰 뿔이 달려 있지 않아서 전체적으로 둥글둥글해요.

🪲 곤충 수컷과 암컷의 생김새 비교

대부분의 곤충은 암수의 생김새가 너무 비슷해서 구별이 어려워요.
그렇지만 수컷과 암컷의 생김새가 서로 달라서 쉽게 구별되는 곤충도 있어요.

말풍선: 우리처럼 서로 다르게 생겼네~

크기가 달라요 — 방아깨비

수컷 크기가 작아요.

암컷 크기가 매우 커요.

모양이 달라요 — 장수허리노린재

수컷 다리(넓적다리마디)가 굵어요.

암컷 다리가 가늘어요.

색깔이 달라요 — 암먹부전나비

수컷 날개가 청색을 띠어요.

암컷 날개가 검은색을 띠어요.

더듬이가 달라요 — 뿔무늬큰가지나방

수컷 더듬이가 빗살 모양이에요.

암컷 더듬이가 실 모양이에요.

번쩍 눈, 얌얌 입, 킁킁 더듬이

잘 보고, 잘 먹고, 잘 느끼는 건 곤충에게 매우 중요한 일이에요. 혹시 하나라도 잘못되면 위험에 빠질 수 있으니까요. 보지 못하면 천적을 피해 도망칠 수 없고, 먹지 못하면 힘이 빠지고, 냄새를 못 맡으면 제대로 움직이기 힘들어요. 곤충마다 눈과 입, 더듬이가 독특하게 발달되어 있어요. 곤충을 만나면 어떻게 생겼는지 잘 관찰해 보세요.

어디, 자세히 관찰해 볼까?

🐞 곤충의 눈

보통 겹눈과 홑눈을 갖고 있어요. 그렇지만 홑눈이 퇴화되어 겹눈만 있는 곤충도 많아요.

왕사마귀

갈색날개노린재 / 참매미

알락무늬장님노린재

겹눈
살아 있는 먹잇감을 잡아먹는 육식성 곤충은 시력이 잘 발달되어 있어요.

홑눈
홑눈의 개수는 곤충 종류마다 달라요. 갈색날개노린재는 2개, 참매미는 3개가 있어요.

퇴화된 홑눈
홑눈이 퇴화되어서 이름이 장님노린재예요.

🐞 곤충의 입

먹이 종류와 먹는 방식에 따라 입의 형태가 다양해요.

밀잠자리

노랑나비

알락수염노린재

늪모기

꽃등에

씹는 입
큰 턱으로 먹잇감을 잡아서 씹어 먹어요.

빠는 입
스프링처럼 돌돌 말고 있다가 쭉 뻗어서 빨아 먹어요.

뚫어서 빠는 입
빨대 모양의 긴 주둥이로 뚫어서 풀즙을 빨아 먹어요.

찌르는 입
날카로운 주둥이로 찔러서 피를 먹어요.

핥는 입
뭉툭한 입으로 꽃가루를 핥아 먹어요.

🐞 곤충의 더듬이

곤충 무리마다 더듬이의 형태가 달라서 더듬이를 보면 어떤 곤충인지 구별할 수 있어요.

실 모양
검은다리실베짱이는 기다란 실 모양 더듬이가 있어요.

곤봉 모양
호랑나비는 더듬이 끝부분이 불룩하게 튀어나왔어요.

톱니 모양
대유동방아벌레는 톱니 모양의 구불구불한 더듬이가 있어요.

빗살 모양
살짝수염홍반디는 빗살 모양 더듬이가 달렸어요.

빗살(양빗살) 모양
옥색긴꼬리산누에나방은 양쪽으로 난 빗살 모양 더듬이가 달렸어요.

팔굽 모양
왕사슴벌레는 팔굽 모양으로 구부러진 더듬이가 있어요.

채찍 모양(강모상)
된장잠자리는 채찍 모양의 짧고 단단한 더듬이가 달렸어요.

까끄라기 모양
검정볼기쉬파리는 짧은 더듬이에 가시털이 달렸어요.

염주 모양
흰개미는 동글동글한 염주 모양 더듬이가 달렸어요.

판주름 모양
별줄풍뎅이는 접었다가 펼쳐지는 판주름 모양 더듬이가 있어요.

🐞 독특한 모양의 더듬이

뿔잠자리
더듬이가 골프채를 닮았어요.

검은다리실베짱이
기다란 더듬이를 입으로 정성껏 청소해요.

알락굴벌레나방
더듬이의 반은 빗살 모양이고, 반은 실 모양이에요.

벚나무사향하늘소
더듬이가 길게 발달된 딱정벌레로 수컷이 암컷보다 더듬이가 길어요.

검정밤바구미
길게 발달된 주둥이에 팔굽 모양 더듬이가 달렸어요.

달려라 다리, 날아라 날개

곤충은 걸음이 빨라요. 땅에 사는 곤충은 튼튼한 다리로 아주 빠르게 기어다녀요. 어떤 때는 날아가는 것보다 빠르게 보이기도 해요. 곤충은 날개를 갖고 있어서 더욱 빠르게 이동할 수 있어요. 날개 덕분에 먼 곳까지 금방 날아가서 먹이를 구해 오고, 무서운 천적이 나타나면 재빠르게 도망쳐요.

날 따라와 봐요~ 못 따라오겠죠?

🪲 곤충의 다리

다리의 형태는 곤충이 활동하는 방식에 알맞게 발달해요.

중국청람색잎벌레

기어가는 다리
안정된 자세로 기어다녀요.

길앞잡이

달리는 다리
땅 위를 빠르게 뛰어다녀요.

긴날개여치

점프하는 다리
뒷다리가 길어서 점프를 잘해요.

땅강아지

땅을 파는 다리
다리가 괭이 모양이라 땅을 잘 팔 수 있어요.

왕사마귀

포획하는 다리
굵게 발달한 다리로 먹잇감을 재빨리 낚아채요.

물방개

헤엄치는 다리
다리에 털이 가득해서 헤엄을 잘 쳐요.

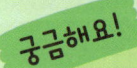 궁금해요!

삼각 보행

곤충은 6개의 다리 중 3개를 한 번에 움직이는 특성이 있어요. 다리 3개가 땅에 닿아 있을 때에 가장 안정적으로 몸을 지탱할 수 있거든요. 곤충의 안정된 삼각 보행을 응용한 다양한 로봇이 만들어졌답니다.

곤충의 날개

날개의 형태는 곤충 무리에 따라 특별하게 발달해요.

검정빗살방아벌레

단단한 딱지날개
딱정벌레 무리는 날개 1쌍이 단단한 딱지날개로 되어 있어서 몸을 보호해요.

호랑나비

비늘가루로 덮인 날개
나비 무리는 날개 전체가 비늘가루로 덮여 있어요.

양봉꿀벌

앞뒤 날개가 연결된 투명한 날개
벌 무리는 앞뒤 날개가 서로 연결되어 있어서 1쌍의 날개처럼 움직여요.

아메리카동애등에

뒷날개 1쌍이 퇴화되어 1쌍 뿐인 날개
파리 무리의 흔적만 남은 뒷날개는 비행할 때에 균형을 잡는 데 도움을 줘서 **평균곤**이라 불러요.

풀무치

곧게 뻗은 날개
메뚜기 무리는 겉날개가 일직선으로 뻗어 있어요.

홍비단노린재

반은 단단하고, 반은 막으로 된 날개
노린재 무리의 겉날개는 절반 이상의 부분은 단단하고, 나머지는 막으로 되어 있어요.

일본왕개미

퇴화된 날개
일개미와 일흰개미는 날개 전체나 일부가 퇴화되어 날아다니지 못해요.

땅에도 살고, 물에도 살아요

곤충을 만나려면 다양한 장소에 가 보아야 해요. 곤충마다 사는 곳이 다르거든요. 곤충은 땅에도 살고, 물에도 살아요. 맛 좋은 먹잇감만 있으면 어디서나 적응해서 살고 있지요. 나무와 풀이 무성한 숲속에는 육상곤충이 살고, 냇물이나 연못에는 수서곤충이 살아요. 곤충들이 어디서 무엇을 하는지 몰래 살펴보아요.

쉿! 살금살금 나를 따라와요~

🐞 땅에 사는 육상곤충
산이나 들판, 텃밭, 공원의 땅과 풀, 꽃, 나무에는 다양한 육상곤충이 살아요.

큰줄흰나비
꽃밭에는 나비가 날아와요. 꽃에 사뿐히 내려앉아 꽃꿀을 빨아요.

양봉꿀벌
부지런히 꽃을 찾아다니며 꿀과 꽃가루를 모아요.

톱다리개미허리노린재
열매로 가득한 밭에 모여서 탐스러운 열매를 찔러서 빨아 먹어요.

참매미
숲속과 공원에는 맴맴 울음소리가 가득해요. 목청껏 울어야 짝을 만날 수 있어요.

검정명주딱정벌레
산길 위를 발 빠르게 기어다니며 작은 곤충을 잡아먹어요.

땅강아지
식물의 뿌리를 갉아 먹는 땅강아지는 땅속을 파헤치며 살아요.

🐞 물에 사는 수서곤충

냇물과 하천, 연못과 웅덩이, 저수지와 습지에는 수서곤충이 살아요.

진강도래
몸은 돌 빛깔을 띠며 산소가 풍부한 깨끗한 냇물에서만 살아요.

띠무늬우묵날도래
나뭇가지나 돌, 낙엽 등을 붙여서 둥근 집을 만들어 살아요.

무늬하루살이
꽁무니 끝에 기다란 꼬리가 달려 있으며 냇물에 살아요.

검정물방개
물속에서 개구리헤엄을 쳐요. 꽁무니로 물 방구를 뀌며 숨을 쉬어요.

장구애비
낫 모양 앞다리로 작은 물고기나 수서곤충을 잡아먹어요.

소금쟁이
물 위에 둥둥 떠서 살아요. 다리를 빠르게 저쳐서 스케이트 타듯 헤엄쳐요.

왕잠자리(애벌레)
어릴 때는 연못이나 습지에서 살고, 어른이 되면 하늘을 날아다녀요.

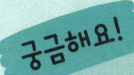

밤에도 활동해요

곤충은 대부분 낮에 움직이지만, 밤에 활동하는 곤충도 많아요. 나방, 하늘소, 사슴벌레, 장수풍뎅이, 딱정벌레, 폭탄먼지벌레, 반딧불이, 여치, 베짱이, 귀뚜라미 등은 모두 밤에 활동하는 **야행성 곤충**이에요.

늦반딧불이

베짱이

옥색긴꼬리산누에나방

곤충은 무엇을 먹고 살까요?

곤충마다 입맛이 모두 달라요. 어떤 곤충은 작은 동물을 잡아먹는 육식성 곤충이고, 어떤 곤충은 잎사귀만 먹는 초식성 곤충이에요. 육식과 초식을 둘 다 하는 잡식성 곤충도 있고, 동물의 사체나 배설물처럼 썩은 물질만 먹는 부식성 곤충도 있어요. 곤충들이 어떤 음식을 좋아하는지 관찰해 보아요.

🐞 육식성 곤충
다른 동물을 잡아먹는 포식성 곤충과 다른 동물 몸에 알을 낳는 기생성 곤충이 있어요.

밀잠자리
재빠르게 날아다니며 다리로 포획해서 꽃매미를 잡아먹어요.

길앞잡이
땅에 떨어진 애벌레를 꽉 물어서 씹어 먹어요.

빨간긴쐐기노린재
날카로운 주둥이로 애벌레를 찔러서 체액을 빨아 먹어요.

나방살이맵시벌
다른 곤충 몸속에 알을 낳아서 기생하며 번식해요.

🐞 초식성 곤충
식물의 잎, 줄기, 뿌리, 열매, 꽃, 꽃가루 등을 먹고 사는 곤충이에요.

섬서구메뚜기
풀밭에서 톡톡 점프하며 잎사귀와 줄기를 갉아 먹어요.

검정오이잎벌레
좋아하는 먹이 식물에 꼭 붙어서 잎사귀를 갉아 먹어요.

우리가시허리노린재
빨대 모양의 긴 주둥이를 꽂아서 열매나 풀의 즙을 빨아 먹어요.

굼벵이(참매미 애벌레)
땅속에 살면서 나무 뿌리 즙을 빨아 먹으며 살아요.

🐞 잡식성 곤충
육식과 초식을 모두 하는 곤충이에요.

갈색여치
산지의 풀숲에 살며 식물질도 먹고, 동물질도 먹어요.

매부리
풀밭에 살면서 식물의 씨앗도 먹고, 곤충도 잡아먹어요.

왕귀뚜라미
풀밭에 사는 덩치 큰 귀뚜라미로 아무거나 잘 먹어요.

꼽등이
축축한 숲에 살며 동물이나 곤충의 사체도 먹고, 썩은 식물질도 먹어요.

🐞 부식성 곤충
동물의 사체나 배설물, 죽은 나무나 토양 속 유기물을 먹고 사는 곤충이에요.

넉점박이송장벌레
죽은 두더지나 새 등을 먹고 사체에 알을 낳아요.

녹슬은반날개
동물의 사체를 먹고 살아요.

동애등에
음식물 쓰레기나 축산 분뇨를 분해해서 깨끗하게 만들어요.

흰개미
죽은 나무를 갉아 먹어서 분해하면 기름진 흙이 만들어져요.

짝을 만나 사랑해요

귀를 기울여 보아요. 무슨 소리가 들리나요? 아무 소리도 들리지 않는다고요? 맞아요. 곤충은 사람처럼 목소리로 말하지 않거든요. 곤충은 신호를 보내 대화를 하고 사랑 고백도 해요. 소리나 불빛을 이용하기도 하지만 대부분은 화학 물질로 마음을 전해요. 사랑의 신호로 짝을 만난 곤충들은 짝짓기를 하고 새끼를 낳아요.

나를 부른 게 바로 너였구나~

🐞 곤충의 짝짓기

• 짝을 부르는 신호
수컷은 암컷을 부르기 위해 소리나 불빛, 페로몬 등을 이용해요.

참매미

늦반딧불이

꽃술재주나방

소리
수컷은 소리를 내서 암컷을 불러 짝짓기해요.

불빛
수컷은 암컷에게 불빛을 깜빡거려서 사랑을 고백해요.

페로몬
수컷은 날개 비늘가루에서 성 페로몬을 방출하여 암컷을 유인해요.

• 짝짓기하는 다양한 모습
수컷의 사랑 고백으로 짝을 만난 곤충들은 짝짓기를 해요.

무당벌레

풀색노린재

참실잠자리

수컷이 암컷 위에 올라타기
수컷이 암컷 위에 올라타서 꽉 붙잡은 뒤에 짝짓기해요.

수컷과 암컷이 서로 반대 방향 보기
수컷과 암컷은 서로 반대 방향을 보며 꽁무니를 붙이고 짝짓기해요.

암컷이 꼬리를 구부리기
수컷이 암컷을 잡으면, 암컷은 둥글게 꼬리를 말아 하트 모양처럼 만들어서 짝짓기해요.

🐞 곤충의 알 낳기

짝짓기를 마친 곤충은 알이 잘 부화될 수 있는 곳에 알을 낳아요.

물자라
수컷 물자라는 등판에 알을 붙이고 다니며 부화될 때까지 정성껏 돌봐요.

왕거위벌레
암컷 왕거위벌레는 잎사귀를 둘둘 말아서 요람을 만들어 알을 낳아요.

호리병벌
호리병 모양의 집을 만들어서 사냥한 애벌레를 넣고 알을 낳아요.

뱀허물쌍살벌
뱀 허물 모양의 기다란 집을 만들어서 알을 낳고 애벌레를 키워요.

무당벌레
잎 뒷면에 노란색 알 무리 지어 낳아요.

갈색날개노린재
원통형의 알을 잎사귀에 무리 지어 붙여서 낳아요.

장수풍뎅이
짝짓기를 마치면 부엽토에 알을 낳아서 번식해요.

바퀴
배 끝에 알을 매달고 다니다가, 위험한 상황이 되면 알덩이를 떨어뜨려서 번식해요.

곤충의 한살이를 살펴보아요

'빠지직, 빠지직' 알을 깨고 꼬물꼬물 애벌레가 나와요. 애벌레는 먹고 또 먹고, 허물을 벗으며 무럭무럭 자라요. 다 자란 덩치 큰 애벌레는 곧 번데기를 거쳐서 어른벌레가 되지요. 끊임없이 모습을 바꾸며 어른이 되는 곤충의 한살이는 언제 보아도 참 신비로워요.

우리는 어떻게 어른이 될까?

🪲 장수풍뎅이 - 완전탈바꿈

알 - 애벌레 - 번데기 - 어른벌레의 4단계를 거쳐서 어른이 되는 곤충을 **완전탈바꿈 곤충**이라고 해요. 딱정벌레 무리, 나비 무리, 파리 무리, 벌 무리, 풀잠자리 무리 등은 완전탈바꿈 곤충이에요.

① 알
곤충은 새나 개구리처럼 알을 낳는 동물이에요. 암컷은 알이 부화되어 잘 자랄 수 있는 곳에 알을 낳아요.

2령 3령

② 애벌레
꼬물꼬물 기어다니며 열심히 먹고 자라서 허물벗기(탈피)를 해요. 허물을 벗고 더 큰 옷으로 갈아입고는, 또 다시 먹고 자라고 허물벗기를 반복하며 커다란 애벌레가 되어요.

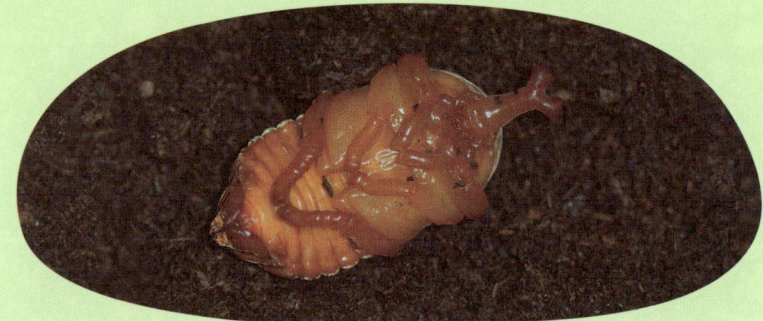

③ 번데기
다 자란 애벌레는 번데기가 되는데, 이것을 **용화**라고 불러요. 번데기 시기에는 몸이 크게 변하기 때문에 매우 예민해요. 편안하게 잘 쉬어야 멋진 어른이 될 수 있어요.

우화 직후

④ 어른벌레
번데기에서 마지막 허물을 벗으면 멋진 날개가 달린 어른벌레가 되어요. 날개가 달린다고 해서 **날개돋이(우화)**라고 부르지요. 곤충은 어른벌레가 되면 날개가 생기는 특징이 있어요. 날아다니는 곤충은 모두 어른이에요.

🐛 왕사마귀 - 불완전탈바꿈

알 - 애벌레 - 어른벌레의 3단계를 거쳐서 어른이 되는 곤충을 **불완전탈바꿈 곤충**이라고 해요.

① 알
짝짓기를 마친 암컷은 알이 부화되기 좋은 곳에 알을 낳아요.

② 애벌레
알에서 나온 애벌레는 꼬물꼬물 애벌레가 아니라 어른벌레와 닮은 모습을 하고 있어요. 그래서 애벌레보다 어른벌레를 닮은 새끼 곤충이라 부르는 게 더 어울리지요. 새끼 곤충은 허물벗기를 하면서 점점 몸집이 커져요. 다 자란 애벌레는 어른벌레만큼이나 크기가 커요.

③ 어른벌레
마지막 허물을 벗으면 드디어 날개가 생겨요. 날개를 달게 된 곤충은 하늘을 날아다니며 살아요.

궁금해요!

애벌레가 자라면 어떤 어른벌레가 될까요?

곤충은 애벌레와 어른벌레의 모습이 서로 달라서 헷갈릴 때가 많아요. 애벌레가 자라면 어떤 어른벌레가 되는지 알아보아요.

함께 지내거나 천적의 먹이가 되어요

곤충은 다른 생물과 함께 지내기를 좋아해요. 넓은 자연에서 혼자 살 수 없다는 걸 누구보다 잘 알고 있거든요. 꽃과 곤충, 개미와 진딧물이 함께 살아가듯이 모든 곤충은 다른 생물과 어울려서 살아가요. 때로는 위험한 천적을 피해 달아나기도 해요. 천적에게도 곤충은 매우 중요해요. 배를 채워 줄 곤충 없이는 살아남을 수 없으니까요.

다른 생물과 공생

곤충은 다른 생물과 관계를 맺으며 살아가고 있어요. 이것을 **공생**이라고 해요.

꽃과 곤충
벌과 나비는 식물로부터 꿀을 얻고, 식물의 꽃가루를 옮겨서 열매를 맺게 도와줘요.

개미와 진딧물
개미는 진딧물의 단물(감로)을 먹고, 진딧물의 천적인 무당벌레로부터 보호해 줘요.

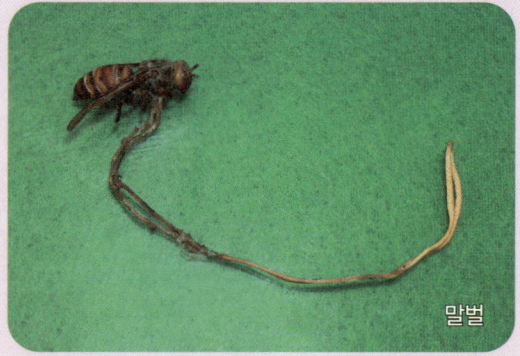

동충하초와 곤충
공중을 떠다니던 동충하초 포자가 곤충의 호흡기를 통해 몸 안에 침입해서 곤충의 영양분을 먹으며 자라요. 영양분을 빼앗긴 곤충은 생명을 잃어요.

흰개미와 미생물
흰개미의 장 속에 사는 편모충류는 나무의 주성분인 셀룰로오스를 소화시켜서 흰개미에게 영양물질을 얻도록 도와주고, 흰개미로부터 먹이와 서식처를 얻어 함께 살아요.

기생벌과 기생파리
맵시벌과 고치벌 같은 기생벌이나 기생파리는 애벌레의 몸에 알을 낳아 기생해요.

여치류와 연가시
철사벌레라고 불리는 연가시는 몸집이 큰 여치나 꼽등이, 사마귀의 몸에 기생해요. 성충이 되면 물가로 가서 숙주의 몸을 뚫고 나와 물속으로 들어가요.

🐞 다양한 천적

곤충과 관계를 맺고 사는 생물 중에서 곤충을 죽이거나 먹잇감으로 삼는 생물을 **천적**이라고 해요.
자연에서는 먹고 먹히는 천적 관계가 잘 이루어져야 모든 생물이 행복하답니다.

쇠딱따구리
나무에 사는 애벌레를 잡아먹고 살아요.

줄장지뱀
풀밭이나 땅 위를 빠르게 기어가서 곤충이나 거미를 사냥해요.

참개구리
곤충이나 거미, 지네, 개구리를 꿀꺽 삼켜서 잡아먹어요.

두꺼비
밤에 느릿느릿 기어다니며 곤충이나 지렁이, 달팽이를 사냥해요.

도롱뇽
밤에 천천히 활동하며 곤충이나 거미, 지렁이를 잡아먹어요.

무당거미
거미줄에 걸려든 곤충을 둘둘 말아서 체액을 빨아 먹어요.

개미귀신
깔대기 모양의 둥근 집을 짓고, 걸려든 먹잇감의 체액을 빨아 먹어요.

왕파리매
날쌔게 날아다니며 풍뎅이 같은 곤충을 다리로 움켜잡아 사냥해요.

칠성무당벌레(애벌레)
무당벌레 애벌레는 서로를 잡아먹어요.

파리지옥
파리 등의 곤충을 잡아먹어서 영양분을 얻는 식충 식물이에요.

숨바꼭질로 살아남아요

곤충은 숨바꼭질을 잘해요. 꼭꼭 숨어 있으면 천적들이 쉽게 발견하지 못하거든요. 보호색을 띠는 것은 기본이고, 나뭇가지 모양으로 위장하거나 힘센 곤충을 닮아서 위기를 모면해요. 그렇지만 여러 방법을 써도 천적에게 들킬 때가 있어요. 그때는 바로 그럴싸하게 연기를 해요. 꼼짝 않고 죽은 척을 하면 죽은 줄 알고 가 버리니까요.

휴~ 살았다!

🐞 흉내 내기

다른 생물의 모양과 닮아서 살아남아요.

배짧은꽃등에
힘센 꿀벌을 닮아서 천적이 접근하지 않아요.

복숭아유리나방
독침이 있는 말벌을 닮아서 천적도 슬금슬금 피해요.

톱다리개미허리노린재(애벌레)
무리 지어 공격하는 개미를 닮아서 천적의 공격을 피해요.

십이점박이잎벌레
독성 물질이 있는 빨간색 무당벌레를 닮아서 천적의 공격을 피해요.

호랑나비(애벌레)
애벌레 때는 새똥으로 위장해서 몸을 보호해요.

배자바구미
풀 줄기를 붙잡고 대롱대롱 매달린 모양이 새똥을 닮았어요.

자벌레
천적이 나뭇가지로 착각해서 위기를 벗어날 수 있어요.

대벌레
나무에 붙어서 몸을 쭉 펴면 나뭇가지 같아요.

🐞 다양한 방법으로 살아남기

보호색이나 경고색, 눈알 무늬를 이용하거나 죽은 척을 해서 살아남아요.

털두꺼비하늘소
나무 색깔과 비슷한 보호색은 천적 눈에 잘 띄지 않아요.

금강산귀매미(애벌레)
풀잎 색깔과 매우 비슷해서 천적으로부터 몸을 보호해요.

무당벌레
독성이 있음을 의미하는 빨간색으로 경고하면 천적이 접근하지 않아요.

털보말벌
독침을 갖고 있는 노란색 말벌은 천적도 조심해요.

참나무산누에나방
날개에 있는 커다란 눈알 무늬로 천적을 놀라게 해요.

주홍박각시(애벌레)
몸의 눈알 무늬가 무서워 보여서 천적이 접근을 피해요.

꽃벼룩
천적에게 발각되면 꽃 위에서 풀숲 아래로 추락해서 천적이 찾지 못해요.

극동버들바구미
천적에게 발각되면 죽은 척해서 위기를 벗어나요(의사 행동).

곤충은 소중한 미래의 자원이에요

곤충은 사람에게 맛 좋은 열매를 주고 식량이나 약용 자원이 되어요.
법의학이나 의약품, 공학에도 이용되고, 문화나 디자인에도 활용되지요.
곤충이 행복하게 살면 사람도 저절로 행복해져요. 지구 생태계의 모든 생물은
먹이 그물로 서로 연결되어 있으니까요. 새로운 곤충을 만나면 꼼꼼히 살펴보세요.
작은 곤충의 몸속에 소중한 미래의 자원이 숨겨져 있어요.

우리 곤충 친구들 정말 대단하죠!

🐞 곤충의 가치 1
좋은 열매와 식량 생산에 도움을 주어요.

네발나비

칠성무당벌레

슈퍼밀웜(아메리카왕거저리 애벌레)

열매를 맺는 데 도움을 줘요
벌이나 나비는 식물의 꽃가루받이를 도와줘서 열매를 맺게 해 줘요.

천적 곤충은 농사에 도움을 줘요
농작물의 해충을 잡아먹어 없애는 친환경적인 방제법으로 유기 농산물을 수확할 수 있어요.

식량이 되어요
인구 증가로 인한 식량 부족으로 곤충은 미래 식량으로 주목받고 있어요.

누에나방

천우충(하늘소 애벌레)

동애등에

유용한 물질을 생산해요
실크나 로열 젤리, 프로폴리스, 동충하초 등을 만들어요.

약용 자원이 되어요
동의보감에는 한약제로 이용되는 95종의 곤충이 기록되어 있어요.

환경 정화 자원이 되어요
음식물 쓰레기나 축산 분뇨를 깨끗하게 정화해요.

곤충의 가치 2

법의학이나 의약품, 문화, 디자인 등 다양한 분야에서 도움을 주어요.

금파리, 큰검정파리

살인 사건의 진범을 잡아요
사체에 모인 곤충 생태를 연구하여 살인범을 검거해요. 금파리나 검정파리는 사망 시간을 예측하는 데 큰 도움을 줘요.

노랑초파리

의약품 원료로 활용해요
유전자를 연구하여 의약품을 만드는 데 도움을 줘요. 초파리는 사람에게 질병을 일으키는 유전자의 70% 정도를 가지고 있어요.

밀잠자리붙이

산업 공학에 널리 쓰여요
생체모방과학이나 지능로봇, 고밀도 센서 등에 활용되어요. 잠자리가 공기 압력을 견디며 날아다니는 비밀을 알아내어 비행복을 개발했어요.

한국강도래

환경 오염을 알려 줘요
곤충마다 서식하는 환경이 달라서 환경 오염 정도를 알려 줘요. 맑은 냇물에는 강도래가 살고, 오염된 웅덩이에는 깔따구가 살아요.

문화에 널리 이용되어요
영화나 문화 예술 행사, 축제 등에 이용해요. 반딧불이와 나비는 다양한 곤충 축제와 애니메이션의 주인공으로 활약해요.

검은띠나무결재주나방

디자인에 아이디어를 줘요
곤충의 다양한 무늬와 색깔은 아이디어의 원천이에요. 특히 나방의 화려한 무늬와 색깔은 많은 디자인에 활용되고 있어요.

쌍별귀뚜라미

애완동물의 먹이가 되어요
귀뚜라미나 밀웜, 슈퍼밀웜 등은 애완동물을 기르는 데 중요한 먹이로 이용되고 있어요.

왕사슴벌레

애완곤충이나 체험 학습용으로 이용해요
곤충을 좋아하는 사람들에게 애완곤충으로 인기가 있어요. 자연 체험 학습에도 이용해요.

곤충이 달라지고 있어요

갑자기 늘 보이던 곤충이 보이지 않아요. 처음 보는 곤충이 나타나고, 한꺼번에 많이 늘어나기도 해요. 왜 이렇게 달라지는 걸까요? 바로 기후 변화 때문이에요. 화석 연료 사용이 늘어나면서 지구 온난화로 기후 환경이 달라졌거든요. 지금 우리가 만날 수 있는 곤충은 현재 기후에 잘 적응하고 있는 곤충들뿐이랍니다.

어~ 어디로 사라진 거지?

🪲 기후 변화 생물 지표종

지구 온난화로 인한 기후 변화로 곤충이 사는 범위가 달라지고 있어요. 기후 변화 지표 곤충을 보면 기후가 어떻게 변하는지 알 수 있어요.

각시메뚜기
남부 지방에 살았지만, 지금은 서울과 경기 지역에 해당하는 중북부 지방까지 분포가 확대되고 있어요.

남방노랑나비
제주도와 남부 지방에 살았지만, 지금은 경기도와 강원도, 동해안에서도 살아요.

넓적배사마귀
남부 지방에 살았지만, 지금은 서울과 경기, 인천 지역에서도 살아요.

말매미
기온이 상승하면서 울음을 울기 시작하는 시기는 점점 빨라지고, 종료되는 시기는 늦어지고 있어요.

푸른아시아실잠자리
남부 지방처럼 무더운 기후에 살았지만, 지금은 경기도 파주까지 북상해서 살고 있어요.

기후 변화를 예측하는 '기후 변화 생물 지표종'에는 곤충뿐만 아니라 동물, 식물, 해조류 등 100종의 생물이 지정되어 있어요!

🐞 외래종과 대발생종

기후 변화로 외래종이 들어와서 살거나 환경 변화로 갑작스레 대발생하고 있어요. 외래종과 대발생이 없을수록 생태계는 평온해요.

• 외래종

꽃매미
2006년부터 중국에서 들어와서 번성하고 있어요. 과수 농가에 피해를 주는 외래종이에요.

미국선녀벌레
2009년부터 북미에서 들어와서 농작물에 피해를 주는 외래종이에요.

갈색날개매미충
2010년부터 중국 남부 지역에서 들어와서 농작물에 피해를 주는 외래종이에요.

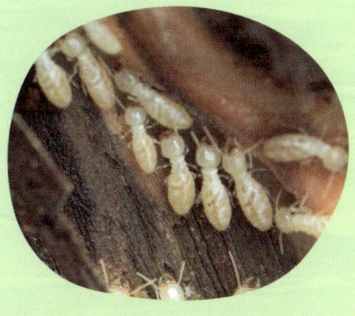

흰개미
목재 수입 과정에서 들어와 궁궐이나 사찰 기둥을 갉아 먹는 피해를 주고 있어요.

• 대발생종

도토리거위벌레
대발생하여 도토리에 알을 낳아 떨어뜨려 피해를 일으켜요.

풀무치
해남 지역에 대발생하여 농작물을 갉아 먹어 농사에 피해를 주었어요.

꼽등이
장마철이 길어지면서 대발생하여 사람들에게 혐오감을 줘요.

매미나방
애벌레가 대발생하여 사람들에게 혐오감을 주고, 피부염을 일으켜요.

대벌레
북쪽 지역까지 확대되어 대발생했어요. 나무에서 사람에게로 떨어져 불쾌감을 줘요.

곤충이 한꺼번에 많이 늘어나는 '대발생'이야!

곤충 친구들을 도와주세요

서식지 훼손과 개발, 환경 오염, 기후 변화 등으로 곤충이 살기 힘들어졌어요. 멸종 위기에 놓인 곤충도 점점 늘어나고 있어요. 다행히 멸종위기 야생생물 복원사업을 통해 멸종 위기에 처한 곤충을 돕고 있지만, 앞으로도 곤충과 사람이 오래도록 함께 살기 위해서는 많은 노력이 필요하답니다.

여러분의 도움이 필요해요~

🐞 멸종 위기 곤충

곤충은 지구 생태계가 건강하게 유지되도록 돕는 역할을 해요. 멸종위기 야생생물 복원사업을 통해 인공 사육에 성공한 장수하늘소와 물장군 등을 서식지에 놓아주어 자연에 살 수 있도록 돕고 있어요.

비단벌레
신라 시대 장신구에 많이 이용되었지만 서식지가 줄어들어 보기 힘들어요.

장수하늘소
동아시아에서 가장 큰 딱정벌레로 서식지 훼손과 개발로 인해 멸종 위기에 처했어요.

대모잠자리
서식지가 많이 줄어들어서 점점 발견하기 힘들어요.

두점박이사슴벌레
제주도에서만 서식하는 황색을 띠는 멸종 위기 사슴벌레예요.

물방개
흔하게 볼 수 있었지만 서식지 훼손과 오염으로 요즘은 쉽게 볼 수 없어요.

물장군
논에서 쉽게 만날 수 있었지만 서식지 훼손과 농약 사용으로 사라졌어요.

🐞 곤충과 함께 사는 법

작고 소중한 곤충들과 함께 살아가기 위해 노력해 보아요.

농약 사용을 줄여요
무분별한 농약과 화학 비료 사용으로 곤충이 마구 죽어요.

잔디를 줄여요
잔디 대신에 자생 식물을 심으면 다양한 곤충이 살 수 있어요.

자생 식물을 심어요
원예종 대신에 자생 식물을 심으면 다양한 곤충이 살 수 있어요.

등불을 어둡게 해요
빛 공해는 등불에 이끌려 날아오는 야행성 곤충을 죽여요.

화학 제품 사용을 줄여요
청소할 때 쓰는 세제나 염화칼슘은 곤충에게 해를 끼쳐요.

곤충에 대한 편견을 버려요
곤충이 모두 해충이라는 그릇된 생각에서 벗어나요.

곤충에 대해 배워요
처음 만난 곤충은 참 신기하고 재미있어요. 곤충을 통해 자연스레 생태를 배우고 이해할 수 있어요.

찾아보기

ㄱ
가시노린재 5
각시메뚜기 28
갈색날개노린재 10, 19
갈색날개매미충 29
갈색여치 17, 22
검은다리실베짱이 11
검은띠나무결재주나방 27
검정명주딱정벌레 14
검정물방개 15
검정밤바구미 11
검정볼기쉬파리 11
검정빗살방아벌레 13
검정오이잎벌레 16
고추잠자리 5
극동버들바구미 25
금강산귀매미 25
금파리 27
긴날개여치 12
길앞잡이 12, 16
꼽등이 17, 29
꽃등에 5, 10
꽃매미 29
꽃벼룩 25
꽃술재주나방 18

ㄴ
나방살이맵시벌 16
남방노랑나비 28
넉점박이송장벌레 17

넓적배사마귀 28
넓적사슴벌레 21
네발나비 21, 26
노랑나비 10
노랑초파리 27
녹슬은반날개 17
누에나방 26
늦반딧불이 15, 18
늪모기 10

ㄷ
단색자루맵시벌 22
대모잠자리 30
대벌레 5, 24, 29
대유동방아벌레 11
도토리거위벌레 29
동애등에 17, 26
된장잠자리 11
두점박이사슴벌레 30
땅강아지 12, 14
띠무늬우묵날도래 15

ㅁ
말매미 28
말벌 22
매미나방 29
매부리 17
무늬하루살이 15
무당벌레 2, 3, 18, 19, 25
물방개 12, 30

물자라 19
물장군 30
미국선녀벌레 29
밀잠자리 10, 16
밀잠자리붙이 27

ㅂ
바퀴 19
방아깨비 9
배자바구미 24
배짧은꽃등에 24
뱀허물쌍살벌 19
벚나무사향하늘소 11
베짱이 15
별줄풍뎅이 11
복숭아유리나방 24
비단벌레 30
빨간긴쐐기노린재 16
뿔무늬큰가지나방 9
뿔잠자리 11

ㅅ
사슴풍뎅이 5
살짝수염홍반디 11
섬서구메뚜기 16
소금쟁이 15
십이점박이잎벌레 24
쌍별귀뚜라미 27

ㅇ
아메리카동애등에 13
아메리카왕거저리 26
알락굴벌레나방 11
알락무늬장님노린재 10
알락수염노린재 10
암먹부전나비 9
양봉꿀벌 13, 14
옥색긴꼬리산누에나방 11, 15
왕거위벌레 19
왕귀뚜라미 17
왕사마귀 5, 10, 12, 21
왕사슴벌레 11, 27
왕잠자리 15, 21
왕파리매 23
우리가시허리노린재 16
우리벼메뚜기 21
일본왕개미 13

ㅈ
작은멋쟁이나비 5
장구애비 15
장수말벌 5
장수풍뎅이 8, 9, 19, 20
장수하늘소 30
장수허리노린재 9
주홍박각시 25
중국청람색잎벌레 12
진강도래 15

ㅊ
참나무산누에나방 25
참매미 10, 14, 16, 18
참실잠자리 18
칠성무당벌레 23, 26

ㅋ
큰검정파리 27
큰줄흰나비 14

ㅌ
털두꺼비하늘소 25
털보말벌 25
톱다리개미허리노린재 14, 24

ㅍ
푸른아시아실잠자리 28
풀무치 13, 29
풀색노린재 18

ㅎ
하늘소 26
한국강도래 27
호랑나비 11, 13, 24
호리병벌 19
홍비단노린재 13
흰개미 11, 17, 22, 29
흰줄표범나비 22